UN JARDÍN, DELIRIOS ROJOS

Mikel Romeo Martínez

EDITORIAL
Poesía...
eres tú.

Un jardín, delirios rojos

Primera Edición 2024
© *Mikel Romeo Martínez 2024*

© *Editorial Poesía eres tú.*
https:// poesiaerestu.com
C/Dr. Fleming Nº50, 4ºD
28036 Madrid
Teléfono: 34 91 999 13 12

ISBN: 978-84-18893-72-8
Depósito Legal: M-5757-2024

UN JARDÍN, DELIRIOS ROJOS

MIKEL ROMEO MARTÍNEZ

PRÓLOGO

¿Sabes qué es esto?

Las especies de Lilium, comúnmente llamadas azucenas o lirios, constituyen un género con alrededor de 110 integrantes que se incluye dentro de la familia de las liliáceas. Pero yo no estoy aquí para hablarte de ellas, estoy aquí para hablarte de ti.

En la noche más oscura me pediste regalarte de mis manos una flor, mi mente pensó en tulipanes, rosas, amapolas, claveles... Pero ninguna de ellas era nada para mi alma, no significaban nada para mi latir, ninguna se me hacía tu reflejo. Entonces salí a la intemperie de las desoladas calles, en la nocturnidad de mis sentimientos y alcé la vista. Como sal derramada en un mantel oscuro, las estrellas se esparcían por el campo de las sombras y parpadeaban, aunque a mis ojos era como si tiritaran de frío, pidiendo a gritos que las abraces, que vuelvas a ellas. Y ahí vi el revolotear de hojas al son del viento y sentí su caricia en mi rostro, haciendo más heladas mis lágrimas al admirar tanta belleza; al admirarte.

Entonces, de mis manos surgió esto que hoy te entrego, un lirio. Arrancado del campo que tanto quiero, donde crecen ella y sus hermanas, donde yo descanso por las noches en las que pienso en ti. Sabes que al mirar al cielo vi tu rostro, sabes que al oír el canto del viento este me recordó a tu cantar, sabes que para mí eres el lirio entre todos los demás.

Dicen que hay alrededor de 110, pero se olvidaron de contar contigo, pues para mi eres la exclusividad de su especie. No hay más flor que brille en la oscuridad y que cante como el viento que no seas tú.

¿Y sabes qué es esto?

Esta es mi manera de decirte "te quiero", pues alguien dijo una vez que "la admiración es una de las formas más bellas de amar", y yo admiro mi lirio.

1

Se rompen tus ojos en los míos,
justo en el instante en el que nos miramos y ves que ya me he
[ido.
Ves y veo,
al igual que me ves y te veo,
pero no estoy y te duelo.
Tanto tiempo ha pasado desde aquel adiós,
en mis venas corría la esperanza,
pero pasado el tiempo agotó sus fuerzas y,
por tanto,
mi esperanza.

Se rompe mi alma en la tuya,
justo en el instante en el que nos vemos y veo que has vuelto,
pero no es estoy.
Tal vez mi cuerpo esté presente,
mis ojos besen los tuyos,
pero mi alma ya no está;
al menos contigo.

2

¿Has visto las estrellas?

Estas se han reflejado en tu mirada,
y como si de agua cristalina se tratasen tus ojos,
dejan una estela en tu pupila.
Dime que has visto de esta noche las estrellas,
es imposible que no lo hayas hecho,
pues yo las veo en tus ojos.
Veo cómo brillan y tiritan,
cómo iluminan tu mirar,
cómo,
desde la lejanía,
te me hacen sentir cercana.

¿Te has visto?

Pues he mirado al cielo y ahí te he podido ver.
Como si de un astro te tratases,
he visto tu figura blanca incandescente en la noche,
jugando con los astros del infinito,
en la más cercana lejanía.
Dime que me has visto desde allí arriba,
acostado en la llanura de mis sentimientos,
con la mirada fija en ti,
viendo mi cuerpo en el reflejo de tus pupilas.

¿Has visto mi sentir?

Tu luz ilumina mi llanura,
mi inmenso campo de blancos lirios,
donde yo reposo en la marea de mis pensamientos.

Tienes que verme,
tienes que sentirme,
tienes que tenerme.
Desde que mis ojos te ven como cuerpo celeste,
desde que los tuyos me observan como faro que protege el mar,
lo nuestro se ha vuelto inestimable.

¿Somos? ¿Qué somos?

Somo limitado e infinito.
Somos marea brava y cielo en calma.
Somos quimérico y virtual.
Somos un campo de blancos lirios y un universo de refulgentes
                                                    [estrellas.
Somos tú y yo,
desde la más cercana de las lejanías,
en el más bello sin fin de figuras blancas.

3

Tararean esta noche las estrellas tu cantar,
blancas mariposas revolotean en el viento,
las hojas del otoño se desvanecen con el tiempo
y todo se torna cristal.
El llanto lo desquebraja,
se forman lágrimas rotas,
un estallido inunda el silencio
y todo se torna ceniza.
El viento la eleva al infinito,
se pierde en la noche estrellada,
abarca todo aquello que carece de sí mismo
y todo se torna gris.
Se decolora con tu cálido tacto,
arde en tus brazos al amanecer,
del cielo surge el sol del despertar
y todo se torna tú.
Te vuelves luz en lo nocturno,
esperanza al final de la pérdida,
calma en mi turbulenta tormenta
y todo se torna yo.
Me vuelvo canto del susurrar de los árboles,
cría de ave rapaz,
copa vacía repleta de verde
y todo se torna un hermoso cantar.
Tararean esta noche las estrellas tu cantar,
el llanto lo desquebraja,
el viento lo eleva al infinito.

El infinito se decolora con tu cálido tacto,
te vuelves luz en lo nocturno,
me vuelvo canto del susurrar de los árboles.

Nos tornamos un mundo entero,
tal vez ante la muerte.

4

Ojalá encuentre una lengua que hable por mí cuando esté
[muerto,
para así poder decirte lo que en vida hoy me callo,
para poder así decirte aquello que aún no he llegado a pensar.
Ojalá encuentre la fórmula para hacer que mis cenizas se
vuelvan aire cuando esté muerto,
para así poder abrazarte en un constante,
para poder así impregnarme en tu piel.
Ojalá encuentre la manera de hacer mis ojos estrella,
para así poder observarte en la lejanía de tus noches,
para poder así guiarte cuando creas que todo yo está perdido.
Ojalá, ojalá, ojalá.
Ojalá no tener que esperar a estar muerto para poder serte todo
[esto.

5

Se desgarra la piel ante tu ausencia,
con la esperanza de que las cicatrices que le dejaste mueran al
desadherirse de su cuerpo,
sabiendo que estas yacen en su alma.
Invisible a tus ojos,
tangible a sus manos,
su corazón se vuelve cristal al abandono de tu mirada.
Tiene la esperanza de dejarlo caer y que se rompa,
así deje de palpitar,
así deje de sentir,
así te cortes cuando lo quieras volver a montar.
Terminará sepultado bajo las estrellas,
gritando clemencia al cielo,
pidiendo auxilio a las constelaciones,
sabiendo que no habrá respuesta,
con la esperanza de que sus llantos lleguen a tus orejas.
Que estas sangren ante tan hermoso oír,
que aleteen de pánico y queriendo huir,
que tus ojos lloren de tanto sufrir
e intentes desgarrarte el alma,
con la esperanza de así olvidarte de mí.

6

Me desperté con la primavera engangrenada en las pupilas.
Me mirabas,
temblorosa,
en la lejana incertidumbre,
resonando en tu aliento las estaciones.
Deshilachas mi angustia,
con la esperanza de ponerme la soga de sus restos en mi cuello,
ahogando así mi congoja.
Quieres darles fin a estas páginas y no has abierto el libro,
quieres darles fin a mis lágrimas y sabes que son por ti que las
derramo y las escribo.
Tengo roja la mirada,
el tabique fuera de órbita
y me arde la piel,
pues tengo el florecer engangrenado en las pupilas
y qué agradable es no poder verte,
no poder olerte
y que mi piel se aleje de tu tacto.

Espero con ansias despertarme con el otoño corrosivo en mis
                                                    [pupilas,
a ver si con él te marchas
o te marchitas
y dejas de mirarme temblorosa
mientras tus manos trémulas
deshilachan mi vida.

7

El deterioro de la vida se refleja en la mirada dolida al tiempo
[pasado.
Transcurre él con su nostalgia y termina en la cuneta del
[olvido,
junto a cadáveres de la injusticia.
Una pared se desmorona junto a las estaciones del año,
deja pasar por sus hoyos la luz testigo del pecado
y grita piedad mientras se prepara para morir.
La mirada vacía después del suspiro,
sabiendo que el féretro se encuentra igual de hueco,
tiembla en sollozo y cae como rocío.
El altar emerge del sepulcro de tantas almas durmientes,
como ángel celestial de guerra,
con sed de sangre
y armado en gracia.
Detesta el olor del humo que exhala de su boca,
no huele más que ceniza y cáncer,
no entiende que es suspiro del alma ya cansada
y ansiosa del final.
Detesta el silencio de la noche interna del cuerpo
careciente de palpitar,
ve luz en los poros de los años y como su piel se marchita,
pero no comprende el péndulo de su vida.
Y en su mirada dolida se refleja el deterioro de la vida
por el tiempo pasado,
y trémulo su cuerpo cae en la cuneta,
zarandeado por los vientos de la nostalgia y fallece;
junto al olvido y su fusil.

8

Tus dientes han mordido y tu aliento emana dulzura.
En tus ojos
el brillo de satisfacción y placer,
envuelto ello en tonos marrones y verdes,
haciendo uno el otoño
y la primavera.
Las comisuras de tus labios,
fina línea de riesgo y ansia,
sonríen al ver mi rostro.
Y mi cara pícara por morder también,
amarra las ganas en el muelle de una marea brava que salpica
sal y frescura al cuerpo ardiente.
Las enredaderas atan mi cuerpo al tuyo en la distancia,
haciendo la lejanía una ilusión
y te me hacen sentir cercana.
La respiración tras la pasión de un beso desbocado,
el nerviosismo juvenil que tambalea piernas,
la sonrisa pícara de un rostro y de unas finas comisuras,
haciendo uno el otoño de mis ojos
y de los tuyos primavera.

9

En las hondas hojas de un libro hallarás respuesta,
leyendo entre las líneas del arte,
en los espacios del tiempo
y en el final de la oración.
Hallarás,
desolada a la intemperie,
deshonesta respuesta a tu preguntar insano.
Tanta duda en una constante agonía por saber,
sin comprender que lo buscado se encuentra
en páginas lloradas,
al vaivén de una vida de arrastre y magia.
Hundirte tú en su misterio será el remedio
a tu nociva e insaciable duda,
así callarás tu boca al tacto del beso de la noche,
asustada por la respuesta y asaltada,
otra vez,
por tu dichoso y desquiciado preguntar.

10

La desolación de mi conciencia se esconde tras el velo oscuro
de la incertidumbre.
Se alimenta del recuerdo del tardío arrepentimiento,
de la certidumbre del misterioso mañana,
del anhelo del pasado ya inapelable a tantas proclamas de
agonía y desespero.
Tras su oscuro velo observa,
ve,
admira,
divisa;
la condena de su vida hacia la muerte tan terrible y próxima.
Y la incertidumbre la abraza y le susurra canciones de un
tiempo ya olvidado,
nanas del destierro de miles de almas triste que se fueron al
[ocaso,
cientos de remordimientos de su crueldad.
La desolación de mi conciencia se esconde
tras el velo oscuro de la muerte,
aspirando el humo de su podredumbre,
viendo como de sus adentros crecen espinos
y como estos desgarran lo poco que quedaba de mí
y de mi desolada conciencia.

11

Pálido tu rostro escondido entre el millar de estrellas blancas.
Yo en mi delirio,
mordiendo el suspiro de fascinación,
admiro la habitación de las blancas luciérnagas donde hallo tu
[semblante.
Dicha la mía y la tuya,
yo por ver y tú por ser vista.
Vida la mía y la tuya,
yo por ser y tú por ser mía.
Los murmullos del tumulto ajetreado rezumban en mis
[tímpanos,
yo ajeno a su decir,
pero dolido por tanta falla.
Como silbante zancudo roban mis sueños,
llevándote a ti,
dejándome desierto.
¿Qué será de mí si no te tengo?
¿Qué será de ti si yo me pierdo?
Aunque pensándolo bien,
solo has sido parte de mi imaginación o,
tal vez,
haya sido yo de la tuya.

12

El tedio de mi existencia se resuelve con el sutil pestañear tuyo.
Ahí,
en ese parpadeo efímero,
toda la pena se desvanece en polvo asombrada
por tus ojos al abrirse.
En ellos se refleja el café mañanero de mi dolor,
el otoño decadente de mi tristeza,
la madera con la que arden mis miedos.
En ti y en tus luceros se reduce el mundo,
haciéndolos brillar más que las estrellas,
iluminando la oscuridad de un corazón vacío,
llenándolo con la luz del pestañear efímero de tus ojos.
Se hace el tedio minúsculo,
al igual que mi cuerpo ante tu presencia,
pues magna tu eres
y yo no más que un ácaro en el polvo de tus zapatos.
Tú y tu dicha,
bailando vals a la luz de la luna,
junto a las estrellas,
en el vaivén de los tiempos,
haciendo infinita la medida de caracteres entre el tedio
y esta última palabra.

13

Te veré,
en tu totalidad colorida,
descomprimida y separada
en miles de cristales surcados por la luz.
Mis ojos te verán,
en una descuartizada silueta refulgente,
anonadados por el efecto de tu droga,
llamándote aberración cromática.
Para mí serás,
pues te veré en tu totalidad colorida,
todo lo bello de este mundo en un mismo ser,
pues se me harán costumbre los vapores de tu droga
y lo unico aberrante será
no verte cuando todo en ti se comprima.

14

Se licua mi corazón,
como témpano de hielo en tus entrañas,
cuando te veo impertérrita ante mi presencia.
Te haces indiferente a mis estímulos,
a mis sensaciones te haces ajena,
a la turbación de mi mirada te vuelves ciega.
Yo,
que de mí te he dado cada centímetro de mis huesos,
que la piel te he dejado cicatrizarme,
que te he dejado saborear mi alma,
me fundo bajo el calor de tu ignorancia.
Llegará,
como la tormenta ansiada tras meses de sequía,
el día en el que tú me ruegues la vuelta a la vida.
Me pedirás,
sucumbida por los sollozos de tus ojos de arrepentimiento,
que retorne de la impavidez de tu causa.
Y yo,
que de tu constante y sufrible desafecto estaré cansado,
te diré con el frío de tus ojos en mi mirada,
que ya no te siento.

15

No hay cuadro al óleo que tape las grietas de mi pared.
No hay gotelé que disimule sus defectos ni pintura que la
[embellezca.
Mis grietas no se tapan, mis defectos no se disimulan
y no se me puede embellecer.
Pero algo te digo:
Tú para mí serás la pared que deseo.
Esa con un cuadro al óleo, con gotelé y pintura.

16

Ella me quitaba las penas
y yo a ella
sólo la ropa.
Me miraban sus ojos vacíos
y yo la besaba;
sólo la besaba.
No fui suficiente para ella
y ahora
ella no está conmigo.
Ahora mis ojos se han vuelto vacíos
y soy yo quien quita penas
y al que le quitan
sólo la ropa.

17

Mi incuria muere allá donde nacen tus ojos.
Al amanecer, mi desidia se derrumba ahí donde brilla tu
[sonrisa.
Mi abandono cae aquí donde sostengo tu mano.
Al anochecer, mi descuido desaparece ahí donde
todo en tu entorno gira.
Y tal vez, solo tal vez, tú seas quien más me cuida,
ya sea al alba, ya sea al ocaso.

18

Pálido tu rostro, ya extinto.
Tu silencio hace mella ahí donde respiro.
Te escucho murmurarle al cielo que me extrañas y desde mis
entrañas sacas todo en un suspiro.
¿Qué quieres de mí?
Sean besos o caricias, no me quedan.
¿Qué quieres de mí?
Sea sexo o una palabra nueva, ya no me queda.
No ves el final. No ves en tu susurro. No ves que allá donde
respiro, tu silencio se me hace doloroso porque…
Pálido tu rostro, ya extinto.

19

Desperté, bajo el frío de la mañana, asustada y perdida.
¡Me han quitado la primavera!
¡Me han quitado el verano de repente!
Desperté y no te vi a mi lado.
¡Me han quitado el verano!
¡Me han quitado la primavera!
Cruel injusticia.
Pero lo peor que me han arrebatado,
ha sido tu rostro al despertar bajo el frío de la mañana,
yo asustada y perdida.

20

Te dibujas en el reflejo de estos ojos tristes.
Llorosos al amanecer en el vacío próximo de su cama,
observando el hueco de tu inexistente figura.
Te ven.
Temen perderte más en su siguiente pestañeo.
Mantienen fija en ti su mirada,
la única manera de afianzar que seguirás ahí,
pero dejan de ser llorosos al amanecer,
para volverse secos al ocaso.
Pestañean.
Y dejas de dibujarte en el reflejo de estos ojos tristes,
que observan el antiguo hueco inexistente de su cama.

ÍNDICE